Der Tanz

ANDREAS HARY

Der Tanz

Bibliografische Information der Deutschen Nationalbibliothek:
Die Deutsche Nationalbibliothek verzeichnet diese Publikation
in der Deutschen Nationalbibliografie; detaillierte bibliografische
Daten sind im Internet über http://dnb.dnb.de abrufbar.

Satz, Umschlaggestaltung, Herstellung und Verlag:
BoD – Books on Demand

ISBN: 978-3-7460-6958-6

Inhalt

Vorangestellte Worte

Dieses Buch ist meinem viel zu früh verstorbenen Freund Andreas P. gewidmet und natürlich meinen Eltern, um die ich tanze.

Wenn du niemals geboren wärst, könntest du diese wunderbare Geschichte gar nicht lesen und du würdest auf dieser Erde keinen Unterschied zu all den Menschen machen, die sie nicht gelesen haben, aber nun machst du diesen Unterschied, die Geschichte hat dich erwählt, genauso wie eine Frau ihren Mann erwählt. Nun bist du dabei, die Buchstaben gleiten über deine Augen in dein Gehirn, einige Stunden deines Lebens werden verbraucht, um dir Energie für den Rest deines Lebens zu geben.

Er tanzte Barfuß.

Wir spielten Fußball auf unserer Wiese, sie war mal wieder ganz abgebolzt, sowie herausgerissene Haare. Samstagnachmittag, Scheißregen, freier Tag, dunkle Wolken, helle Seele, volle Blase. Musste pinkeln, zog mich an den Rand der Wiese zurück, in die Sträucher, deren Blätter im Wind sangen, pisste im Stehen und war froh darüber, wie frei ein Mann doch pissen konnte. Freiheit finden im Verbotenen.

Die Wiese lag zwischen den Häusern, hier trafen wir uns, trauerten uns weg, hinein in die große Welt, hier, wo immer eine seltsame Melodie in der Luft lag, ein Summen, sssssssssss, vom Kraftwerk, von der Zeche.

Ich wurde jäh unterbrochen vom Ruf meiner Mutter, sie konnte einen Schrei aus dem Fenster werfen, durch ein paar Meter Luft traf mich ihr Lärm in meinem Ohre. Suarum aurium fidei non credere. Meistens fühlte ich sie schon vor dem Schrei. Mein Blut ist ihres. Komma nach Haus! Das Gehirn wandelt diese Schallwellen zu einem Signal um, meine Beine bewegten sich in Richtung unseres Hauses, der kleine Mann wurde vorher schnell verstaut.

Kleine kristallene, feuchte Tropfen von Pisse tropften auf meinen Schuh, gaben ein seltsames Bild, etwas sagte in mir, es wird ein schlechter Tag.

Sie hat angerufen, du sollst ins Fukk kommen, so um drei. Fuck, Mama, Fuck heißt das, ist auch egal, ins Fick sollst du kommen, Fuck heißt das, verdammt! Sie ist meine Dualseele, meine Seelenfreundin, ewige Verbundene.

Der Fuck war eine Kneipe, ein Lokal ohne Namen, hier hängen sie rum, all die Freaks, Punks, die Unruhigen, atemlosen lebendigen, schon toten, schon indizierten, Verbannten, um allzu warmen Kaffee zu trinken, der Geruch von Kaffee und Patschuli mischte sich hier zu etwas Lebendigem.

Ich war pünktlich wie immer. Quietschende alte Tür, Patti Smith kotzte aus den Lautsprechern: Fuck me, fuck me. Sie saß dort schon einsam, verlassen, verträumt wie immer, sie lächelte, als sie mich sah. Berührung, ein Kuss auf die Stirn, ein Kuss auf den Mund. Der Kuss zeigte, dass wir zuerst geistig verbunden waren, platonisch mit Platon.

Sie würgte es heraus aus sich, dass sie schon in diesem Sommer nach Berlin wollte, studieren ohne mich, ohne ihren Freund. Ich fühlte es mit meinem Körper, ich zitterte, meine Seele flog heraus und verband sich mit ihrer. Freunde vom gleichen Blut, ich hatte ihr erstes Menstruationsblut getrunken, eine Schwester. Freunde, für immer zusammen und nun das!

Jeder Moment, in dem etwas Neues beginnt, ist der richtige. Das war so ein Moment!

Fukkk, brüllte es aus mir heraus, Fuck, schrie sie! Fukkk, erwiderte ich. Wir konnten uns stundenlang unterhalten, ohne ein Wort zu sagen, nur jetzt nicht.

Die Wiese

Du alte Bolzwiese im Pott.
Hast dich nun erholt von unserem Spiel der Kindheit.
Wie oft, viel zu oft rammten wir Fußballstollen in dich.
Damals. Damals.
Verletzten dich an deinen Wurzeln.
Drückten Stöcke in dich ein, um ein Tor zu markieren.
Du saugtest unser Blut und unsere Pisse auf.
Heute liegst du still und verlassen vom Kindergeschrei.
Einsam ist es geworden.
Nicht nur dir.

Wie sind wir doch als Kinder glücklich. Mama stellte zart duftende gelbe Rosen auf den wackeligen alten Küchentisch.

Mamma, warum stellst du die Rosen auf den Tisch, sie verwelken doch und sterben dann. Oh, mein kleiner Sohn, denke einmal, in dieser Zeit, wo sie auf dem Tisch stehen, schenken sie uns Freude, machen uns zärtlich, ihr Duft bereitet unseren Sinnen Freude, ihr Gelb beruhigt unsere Seele, und denke daran, kleiner Mann, niemals stirbt etwas wirklich, es nimmt nur Abschied.

Wir nehmen eine Rose mit, wenn wir deine kleine Freundin besuchen. Ja, Mamma, das machen wir.

Wir besuchten sie.

Asthma

Weiße Wände

Weiße Betten

Kranke Kinder

Es war die erste rote Rose, die gelb war, die ich ihr gab. Glücklich sah sie mich an mit ihren grünen Augen. Wie zufrieden wir doch als Kinder sein können, die kleinsten Dinge können uns unendliche Freude bereiten.

Die kleinsten Dinge können unserer Seele unendliche Angst machen.

Plötzlich flog die Tür auf, zwei Krankenhausclowns schossen ins Kinderkrankenzimmer und machten Grimassen.

Wir schrien beide, zwei laute, endlose, schrille Schreie.

Verzehrte Clown-Gesichter.

Grinsen.

Nicht erlebbare Mimik.

Todesangst füllte den Raum.

Kindergeschrei.

Erwachsenengeschrei.

Mutterschrei.

Ratlosigkeit.

Eine gelbe Rose am Boden.

Erstarrte Muskeln.

Ringen nach Luft.

Asthmaanfall.

Ratlose Clowns.

Traurige Clowns.

Verwirrte Clowns.

Eine Krankenschwester.

Zwei KRANKENSCHWESTERN.

Ein Arzt.

Zwei ÄRZTE.

Asthma-Spray.

Sauerstoff.

Zertrampelte gelbe Rose am Boden.

Niemals stirbt etwas wirklich.

Doch, doch, doch.

Später gab es Erklärungen, die Kinder leiden wohl an ILD 10F 40.2.

Wir beide leiden an Coulrophobie.

Cool, diese Phobie, sagten wir später immer, als wir älter waren.

Als wir älter waren, lachten wir oft darüber, wir teilten eine Erinnerung.

Clowns konnten wir aber nicht mehr leiden.

Der Clown

Alptraum Clown.
Kaum zu trauen, Clown.
Todesangst, singst dein Lied.
Dynamit.
Town Clowns
Clown Town
Raus aus dem Haus.

Ritus

Vor großen Entscheidungen des Lebens hatten sie und ich einen Ritus. Wir gingen gemeinsam in die Badewanne. Das taten wir schon als Kinder, ohne Komplexe, wir hatten uns geschworen alles zu teilen. Ich war der Erste, sie war die Erste, keine Komplexe, keine Angst, kein Haben, nur Sein. Es war eher ein Problem, eine geeignete Badewanne zu finden, wenn es ging, sollte sie auch noch grün sein, unsere Lieblingsfarbe.

Wir fanden sie, ließen das Wasser laufen, dazu Badeschaum mit Geruch, Wohlfühlgeruch sollte meine Sorgen übertünchen wie ein Maler sein Bild übermalt mit wirren Strichen, wenn es ihm nicht gefällt, wenn die innere Unzufriedenheit ihn zerreißt und die kleine Seele nicht aufsteigen kann. Wenn die Blätter nicht mehr grün sind, sondern schwarz, und die Blüten nicht mehr blühen, wenn die Sonne klar scheint wie der Mond, wenn die Sterne kochen, wenn das Gehirn Gerwin isst, wenn Hugo nicht mehr Boss ist und die Kometen kotzen.

Wir hielten uns an den Händen, das warme Wasser stieg über den Wannenrand, wir ertranken gerade. Die letzte Luft wurde geatmet, der letzte Herzschlag geschlagen, der letzte Augenblick geblickt und die letzte Zeit zeitlos gemacht.

Die Badewanne

So schön warm,
Wasser lauert, Schaumwellen
wir sitzen gegenüber.
Augenblick, der nie vergeht,
zeitlos, schwerelos,
Zweigespann in der Wann.
Warmer Arm umarmt mich,
Arm umgarnt mich,
ohne Scham mit Schaum.
Nicht nur der Badeschwamm
wird sich besaufen.
Gott erbarm dich lediglich,
schließlich haben Freunde
Gründe.

Abschied

Viele Male im Laufe eines Lebens muss der Mensch Abschied nehmen, es ist immer eine Lehre und bleibt oft eine Leere. Aber Abstand zu den Dingen lehrt uns, die Dinge klarer zu sehen und sie mehr zu lieben. Ein Bergsteiger muss sich den Berg, den er besteigen will, auch aus dem Tal ansehen, ein Astronaut muss sich die Erde auch von oben ansehen, bevor er versteht.

Hat der Bergsteiger den Berg bestiegen, ist es das Tal, in das er blickt. Tal und Berg, Oben und Unten, das sind unsere Lebensaufgaben. Sowie Polarität und Dualität vollkommen andere Dinge sind und sie doch einen großen Einfluss auf unser Leben haben.

Essen im Pott

Wir essen in Essen
HBF
zusammen und doch allein.
Abschied, Umarmung, Kuss,
rationale Gefühle,
irrationale Gedanken.
Am
HBF
Zug läuft ein,
sie steigt ein,
sinnloses winken
einsame Tränen,
gemeinsame Tränen.
Allein in Essen, will nicht mehr essen.
Oh HBF im Pott.

Hugo der Penner

Sie ist nun entglitten, bin so getrübt und setze mich auf eine Bank am HBF, ein Penner kommt und bittet höflich um eine Mark, denk daran, Geld ist eine Teufelsmacht, er stellt sich vor, mein Name ist Hugo, bin kein Boss, nur Philosoph, barbarus hie ergo sum, quia non intelligor ulli. Gibst du mir eine Mark, gebe ich dir einen Rat.

Ich öffnete meine Geldbörse, gab ihm 7 Mark und er sagte: »Hör her, mein Freund, du kannst nicht nur bei Sonnenschein tanzen, du solltest nun lernen, auch im Regen barfuß zu tanzen. Wir sind gekommen in diese Welt, um sie zu erobern, wie Götter, nicht um zu jammern und in ständiger Angst zu leben und uns zu verlieren. Wir denken nicht an den Augenblick, um ihn zu feiern, nein, wir denken ans Geldverdienen, was sollen wir morgen essen, was sollen wir am Wochenende machen, ein Freund reist ab, ein anderer heiratet, ein anderer stirbt und schon sind Jahre vergangen, merken wir es, ist es oft zu spät, also, junger Mann, vergiss das nicht.«

Wir gingen essen hier in Essen und vor allem trinken!

Es begann ein wenig zu regnen, dreckiger Ruhrpott-Regen, Hugo und ich zogen die Schuhe aus und tanzten.

Ein Fremder

Ich bin ein Fremder geworden
in meinem eigenen Haus.
Ein gespenstisches Haus!
Viele leere Zimmer ohne Leben,
ohne Tod.
Was bedeutet er mir?
Eine Erlösung?
Eine Erniedrigung?
Was bedeutet Leben an dieser Grenze?
Eine Last?
Eine Erhöhung?
Was bedeutet es mir?
Ich bewege mich auf der Grenze,
zwischen beiden Welten,
ich stehe und schaue beide an
schaue und schaue ...!
Will mich gerne selbst kreuzigen,
es gelingt mir nicht.

Sich einsam denken.

Spieglein, Spieglein an der Wand,
wer ist der einsamste Mann
im ganzen Land?
Ich sah immer noch mein Spiegelbild.
Der Spiegel hatte geantwortet.
Eine Hand glitt aus dem Spiegel,
griff meinen Hals,
würgte mich fester und fester.
Erwürgte mich!
Später las ich in der Zeitung:
Einsamer Mensch vom Spiegel
ermordet.

Gespräch mit Mutter

Ich beschloss nach Hause zu fahren. Mutter wartete bereits auf mich, sie fühlte, wie traurig ich war.

Sie fragte mich direkt: Hast du sie gut weggebracht und bist sorgsam, liebevoll zu ihr gewesen? Ich antwortete weinend, ja, das glaube ich!

Weißt du, mein Sohn, du solltest den Kopf nicht hängen lassen, ihr seid miteinander verbunden für immer, aber du musst auch wissen, dass es keine Alternative zu dir selbst gibt. Gehe zu Budub, er wird dir etwas zeigen. Wer ist Budub? Ein Weiser, mein Sohn, ein Heiliger, ein Freund des Geistes und des Lebens. Wo finde ich diesen Budu, Mutter? Budub, mein Sohn, Budub sowie Fukk. Gehe in die Bibliothek, du wirst dann wissen, wer er ist! Sie lachte mich schelmisch an.

Weißt du, Junge, in all unseren Jahren hier auf dieser Erde benutzen sie uns alle, saugen aus uns unsere Energie, unsere Lebenskraft, ja, und mit der Zeit verlieren wir die Fähigkeit, das Leben lebenswert zu machen. Wir vergessen, dass es ein göttliches Geschenk ist und dass wir selbst Götter sind. So ist es, mein Sohn. Leider!

BUDUB

Ich öffnete die Tür zur Bibliothek, ein wunderbarer Geruch kam mir entgegen, den ich in meinem Leben niemals vergessen werde, hier fühlte ich eine besondere Energie, die mich sofort ergriff.

Ich stand einsam im Eingangsbereich und ließ die Zeit an mir vorbei fließen. Dann ging ich durch die Reihen der vielen Bücher zum Lesesaal, ich wusste sofort, wer Budub war, eine innere Stimme führte mich zu seinem Tisch. Er hieß mich willkommen, Platz zu nehmen, und fragte mich: Hast du deine Meinung schon durch die drei Siebe gegossen? Drei Siebe? Ich verstehe nicht, was für drei Siebe? Oh ja, fangen wir langsam an, in deiner Seele sehe ich Sorgen, Ängste und Kummer. Du vermisst jemanden? Richtig? Du liebst jemanden? Du hast dir dazu eine Meinung gebildet und diese ist deine Wahrheit! Ich meine deine Wahrheit, nicht Wahrheit! Ja, und Sokrates meinte, es sei gut, so etwas zu sieben, mit dem Sieb der Wahrheit, mit dem Sieb der Güte und mit dem der Notwendigkeit! Budub, ich weiß nicht genau, wo mein Problem liegt, ich spüre nur diesen Kummer in mir und dieses, als ob etwas weggerissen worden ist von mir, aber ich habe nicht die richtigen Worte anzubieten! Gut ist es, wie es ist, dann male es mir auf, hier, male deine Wahrheit hier auf diesem Papier! Wie? Ich soll malen, das kann ich doch nicht! Na, das sagen alle, die zu mir kommen, ohne dass sie wissen, wie gut sie im Malen sind, also keine Angst, male das auf, was dich bedrückt. Bilder können Dinge sagen, die Worte niemals könnten.

Ich nahm den Bleistift und begann zu malen, das erste Mal in meinem Leben floss es aus mir heraus, Striche reihten sich an Krümmungen, Krümmungen an Kanten, Kanten an die Seele, die Seele verband sich mit ihr, meiner Seelenfreundin, und so entstand die Skizze.

Skizze

Ja, nun liegt es klar vor dir, die Skizze ist ein Abbild der Seele und ich kann sehen, warum du so fühlst, wie du fühlst. Es ist nicht nur dein Gefühl, dein Alleinsein zu fühlen, deine innere Zerrissenheit, deine Suche nach der Liebe, es ist ein universaler Zustand der Menschen, nachdem die Götter zornig gemacht wurden. Nein, in unserer modernen Zeit hat er sich noch verschärft, Frauen können nicht mehr Frauen sein und Männer nicht mehr Männer. Es ist keine Zeit mehr da, so sagt man uns, für Melancholie, für den Duft der Liebe, man gebraucht uns nur, nicht das ist das Schlimmste. Was noch schlimmer ist, niemand merkt es, oder will es merken, wie er missbraucht und misshandelt wird, seinem Selbst nicht nachgehen zu dürfen. Wie man sich freut über die entstehenden Ängste, die man nutzt als Energie, Energie, die uns dann fehlt. So ist das! Man sagt, Miau und Wau verstehen sich nicht, aber das ist nicht richtig, Miawau, das ist richtig. Budub lachte mich schelmisch an.

Budub, ich verstehe kein Wort? Oh, das musst du auch jetzt noch nicht, du bist jung und das ist gut, die Zeit wird dir ein Lehrmeister sein. Ich werde dir eine Geschichte erzählen, die viele Jahre zurückliegt, Aristophanes' Gleichnis nennt man es, die meisten haben es vergessen. Ich will dir erzählen von der wahren menschlichen Natur und dem Großen Schicksal, was das Menschengeschlecht erlitt.

Aristophanes' Gleichnis

Vor langer Zeit war unsere Natur eine ganz andere, die meisten Menschen glauben, dass es immer schon zwei Geschlechter im Universum gab, das weibliche Prinzip und das männliche Prinzip, aber das ist nicht ganz richtig.

Man braucht es nur, um uns irrezuführen, und damit wir uns nicht unserer Macht bewusst werden. Aber die Suchenden unter uns haben es schon erahnt, dass es da noch etwas anderes gibt.

Vor vielen, vielen Äonen von Jahren gab es drei Geschlechter im Universum, das weibliche Prinzip, das männliche Prinzip und eins, was aus beiden zusammengefügt war, das war noch, wie es heute heißt, das Mannsweib. Später wurde es als Schimpfwort benutzt, aber das ist auch nicht ganz richtig.

Die Menschen stammen nicht, wie man meinen könnte, vom weiblichen oder vom männlichen Prinzip ab, sie stammen ab aus dem Mannsweib. Man nannte es auch Kugelmensch, da es in seiner heiligen Form rund war. Damit spiegelte und huldigte es das Universum, die Erde war das weibliche Prinzip, deshalb nennt man es auch heute noch Mutter Erde, die Sonne war das männliche Prinzip, ja, und das

Mannsweib entsprach dem Mond. In ihnen vereinigten sich alle Prinzipien.

Die Kugelmenschen hatten vier Arme und vier Beine, aber einen gemeinschaftlichen Kopf. Mit ihren vier Armen und Beinen konnten sie sich sehr schnell fortbewegen, mit einem Radschlag eilten sie schnell davon. Die Kugelmenschen waren von gewaltiger Kraft und hohem Geist, mit einer großen Intuition ausgestattet, und sie waren die glücklichsten Geschöpfe im Universum, da sie sich immer selber hatten, alle Prinzipien waren in ihnen selbst. Die Geschöpfe des Universums liebten die Kugelmenschen, da sie in sich alle Seiten vereinigt hatten.

Das machte die Kugelmenschen aber übermütig, und sie lehnten sich gegen die Götter auf. Den Göttern gefiel auch nicht, dass man sie so liebte im Universum. Sie waren gar ein wenig eifersüchtig auf die Kugelmenschen.

Gottvater Zeus rief eine Versammlung der Götter ein und man beratschlagte, wie man dem Frevel der Kugelmenschen Einhalt gebieten konnte. Man wollte sie nicht vernichten, da man ja sonst keine Opfergaben von ihnen bekommen hätte. Aber man konnte sie auch nicht gewähren lassen.

Zeus entschied nach langem Nachdenken, dass man von nun an die Kugelmenschen teilen werde und aus ihnen zwei machen werde, indem man sie einfach in der Mitte zerschnitt und sie ein wenig umformte. Zeus beauftragte Apollon damit, sofort zu beginnen.

Aber nachdem die Kugelmenschen nun zweigeteilt waren und umgeformt, trat jede Hälfte sehnsüchtig an die andere heran und umschlang sie, die Sehnsucht war so groß, dass sie nicht mehr gegessen haben und alle Bedürfnisse nicht mehr verrichteten, bis sie schließlich starben. Starb eine der beiden Hälften, so suchte sie eine andere Hälfte, mit der sie sich wieder verschlug, immer mehr und mehr starben.

Das ganze Universum war traurig über diesen Zustand und Gottvater Zeus erbarmte sich der Kugelmenschen.

Gottvater Zeus entschied, den halben Kugelmenschen ihre Geschlechtsorgane nach außen zu verlegen, an die Vorderseite, so dass, wenn nun das weibliche Prinzip auf das Männliche traf, die Fortpflanzung stattfinden konnte und es ihnen im Umschlingen bessergehen sollte, trafen sich zwei weibliche Prinzipe oder zwei männliche Prinzipe, so sollten sie wenigstens ihren Spaß miteinander haben, damit sie ihren Lebensbedürfnissen und -beschäftigungen nachgehen konnten.

Seit dieser Zeit sucht der Mensch die Liebe, er versucht aus der Zweiheit wieder eine Einheit zu machen.

Jeder spürt nun die tiefe Sehnsucht nach dem anderen Teil seines Selbst, die Sehnsucht, die alte Form der Kugel wiederzuerlangen. Jeder versucht das zu finden, was ihm am nächsten zu sich selbst erscheint. Jeder versucht die verlorene Hälfte zu finden.

Ja, und dieses Suchen erzeugt in uns das Leiden, die Enttäuschungen, nicht die richtige Hälfte gefunden zu haben, nie mehr eins zu sein, der Weg, eins zu werden, geht nur über die Liebe.

Vielleicht erbarmen sich ja die Götter noch einmal unser, wer weiß das schon?

Zerrissenheit

Oh, Budub, großer Meister, mir fließen die Tränen, es ist seit Langem die schönste Erzählung, die ich gehört habe. Ich bin so ein Zerrissener, ich bin hier und sie ist dort. Ich spüre, dass sie und ich einstmals ein Kugelmensch waren. Budub, was soll ich nur tun?

Was hast du getan an dem Abend, an dem sie abgereist ist? Budub, ich muss zugeben, ich habe mich betrunken, sinnlos, wie es mir jetzt scheint, ich bin nicht stolz darauf. Budub erwiderte ruhig: Weißt du, auch in der Kneipe kannst du es lernen, es nennt sich die kurze Flucht. Es ist die Flucht vor dem Selbst, es schafft eine kurze Betäubung gegen den Schmerz des Lebens, gegen die Ungerechtigkeit unserer Trennung von der Einheit. Es ist ein kurzes Verweilen, eine kurze Betäubung, ehe man wieder in die Welt gelangt, und das ist gut so. Es gibt viele Möglichkeiten der Betäubung, des kurzen Ausbruchs, aber du musst wissen, alle führen sie zurück.

Oh, junger Mann, lass jedem sein Dasein, versuche nicht die Dinge aufzuhalten, es ist so unsinnig, als wolltest du einen abfahrenden Zug mit bloßer Muskelkraft festhalten, als wolltest du die Erdachse weiter neigen wollen. Überlass das Leben dem Leben und das Leben der Liebe!

Tanze um sie herum im Geiste, tanze Ganeshas Tanz der großen Weisheit.

Jeden Abend tanzte ich nun in meinen Gedanken, barfuß.

BUDUBs Rat

Menhire
das wortlose Denken
..!

Was ich kann.

Ich kann mir ein Leben ohne *L*angeweile vorstellen.
Ich kann mir ein Leben ohne *I*nzest vorstellen.
Ich kann mir ein Leben ohne *E*delsteine vorstellen.
Ich kann mir ein Leben ohne *B*efehle vorstellen.
Ich kann mir ein Leben ohne *E*goisten vorstellen.

Ich kann mir kein Leben ohne *L*iebe vorstellen.
Ich kann mir kein Leben ohne *E*rlösung vorstellen.
Ich kann mir kein Leben ohne *B*armherzigkeit vorstellen.
Ich kann mir kein Leben ohne *E*hre vorstellen.
Ich kann mir kein Leben ohne *N*ähe vorstellen.

Ich kann mir kein Leben ohne sie vorstellen.

Ich sollte es lernen.
Das Leben lehrte mich, was ein großer Verlust ist.
Das Leben lehrte mich Trauer zu ertragen.
Das Leben lehrte mich, was gebrochene Augen sind.
Das Leben lehrt mich, dass auch Tränen eine Dichte
haben.
Ich verstand nun die alte Eiche.
Die einsam auf der Lichtung stand.

Jahreszeiten kommen und gehen, aber sie kommt nie mehr zu mir zurück.

Ich kann mir den Himmel vorstellen, an dem wir zwei Sterne sind, die funkelnd den Menschen den Weg weisen.

Ich kann mir den Mond vorstellen, wie er uns beide neu erschafft als ein selbstloses Ich.

Ich kann mir vorstellen, wie Zeus sich erbarmt und Apollon uns zusammennäht.

Vorstellen, ja, vorstellen kann ich mir viel.

Sie tanzte barfuß.

Meine Frage an mich?

Wenn du nur noch diesen einen Tag in deinem Leben hättest, was würdest du damit anfangen?

Ich würde ihn suchen im ganzen Universum, ich würde Gott um Gnade anflehen für das, was ich getan habe.

Aus meinem Tagebuch, 26. April 1986

Alleinsein

Ich sitze nun im Zug nach Berlin, lasse ihn hinter mir, er steht wohl einsam am Gleis dort in Essen.

Laut denkt es aus mir heraus, ich muss das Unperfekte akzeptieren, muss die Zukunft suchen. Höre eine Stimme im Hintergrund, langsam auf mich zukommend im Schweif der Gedanken, der alte Mann mir gegenüber im Abteil sagt, junge, schöne Frau, Sie machen einen Fehler in Ihrem Denkprozess. Ich sehe den Mann erstaunt an, hören Sie mir beim Denken zu? Ja! Was ist der Fehler? Oh, Sie suchen die Zukunft! Ja, das tun doch alle, antworte ich, oder? Ja, und alle machen einen Fehler, es gibt keine Zukunft! Es gibt nur das Jetzt, der Augenblick hier im Abteil, Vergangenheit und Zukunft gibt es nur in diesem Augenblick, er erschafft sie. Er ist der Herr der nichtexistierenden Zeit.

Lernen Sie mit diesem zu leben, dann werden Sie frei sein von der Angst, die Sie besetzt. Alter Mann, das ist doch Quatsch, mir gehört die Zukunft, ich bin jung, du bist alt, habe keine Angst! Oh, Ihnen gehört also etwas, was es gar nicht gibt. Das ist gut, dann sind Sie genauso wahnsinnig wie ich, der behauptet, mir gehört die Welt. Er lachte schelmisch und zog sich hinter seiner großen Zeitung zurück, ich blieb einsam zurück. Wie nah kann doch die Abwesenheit sein? Das wusste ich jetzt! Viele Jahre später sollte ich dem alten Mann im Zug recht geben, es gibt keine Zukunft, nur den einzigartigen, göttlichen, erhabenen Augenblick.

Symptome meiner Zeit

Ich kam in Berlin an, die Stadt machte mir Angst. Bezog meine Wohnung, in der es keine Spiegel gibt, das ließen die Persönlichkeiten in mir nicht zu. Ein Spiegel ist das Symbol des Anderen, es zeigt uns, wie wir sind, nicht, wie wir sein wollen. Ich weiß aber nicht, wie ich bin, auch nicht, wer ich bin, ich bin viele, das macht mir Angst. Beim Krankheitsbild bewirken Symptome pathologische Formen. Was sind die Symptome meiner Zeit? Körperliche Müdigkeit, Reizbarkeit, Unruhe, Phobie, Zwang, Angst, Tinnitus, Symptome meiner Zeit, die uns alle krank machen, die äußere Form ist der Wahnsinn. Krass ist das!

Wahnsinn ist alles das, was Wahnsinn ist. Wahnsinn ist alles das, was Wahnsinn ist. Wahnsinn ist alles das, was Wahnsinn ist. Wahnsinn ist alles das, was Wahnsinn ist. Wahnsinn ist alles das, was Wahnsinn ist. Wahnsinn ist alles das, was ist!

Hier bin ich nun auf der Suche nach meinem Traum, ich will kein Beobachter mehr sein. Will in das Leben, in die Zeit trotz ihrer Symptome, pathologisch krass, was!

Das eventuelle Vielleicht.

Vielleicht können wir uns treffen, in einem eventuellen anderen Leben. Vielleicht auch nur einfach später. Ja, oder morgen schon. Möglicherweise wird es dann vielleicht besser? Mag sein, mag nicht sein, eventuell vielleicht!

Gegebenenfalls machen wir beide dann alles anders. Ja, genau, um alle Eventualitäten auszuschließen, sollten wir möglicherweise beim Vielleicht bleiben. Aber das ist doch zu schwammig! Womöglich auch nicht? Wer weiß denn das schon? Wann wird denn ein Eventuell zum Vielleicht? Ja, doch nur dann, wenn es sich als notwendig erweisen sollte. Im gegebenen Moment werden wir es dann sehen.

Vermutlich hast du recht, wie immer. Wie immer? Möglicherweise auch nicht! Vermutlich ist es so. In bestimmten Fällen wird doch alles gut. Möglich! Ja, möglich, aber eventuell auch nur vielleicht, wie du wissen solltest.

Der Tanz der Ganesha.

Ich darf mich nicht verlieren in meinen Visionen, vielleicht sind es doch nur Illusionen. Ich machte mich auf in die Stadt, an der Gedächtniskirche versammelten sich am Freitagabend immer viele Leute, Punks, Freaks, abgestürzte Existenzen und Aarany, die mit ihren Hare-Krishna-Jüngern immer tanzte, und später erzählt sie Geschichten, wunderschöne Geschichten, die das Universum und die Menschen durchdringen. Auch heute waren viele Menschen da, obwohl es kalt war, Aarany tanzte barfuß und forderte mich zum Tanz auf. Barfuß, Aarany, fragte ich schüchtern. Aarany lachte laut, ja, junge Frau, natürlich, so können Sie uns nichts in die Schuhe schieben! Ich zog die Schuhe aus und tanzte barfuß mit ihr, bis es mir schwindelig wurde und kalt. Aarany setzte sich auf die oberste Stufe und fragte in die Menge, was wollt ihr heute hören, und eine alte Frau sagte, Aarany, du Göttin, erzähl uns doch bitte von der Elternliebe, ich bin nun alt und konnte nie Kinder bekommen, das macht mich traurig, und doch will ich von der Elternliebe gerne hören, da ich doch auch ein Kind war. Die Punks stöhnten kurz auf, sahen aber Aaranys strengen Blick und gaben sich geschlagen von dieser inneren Größe.

Und Aarany begann leise, fast schon flüsternd, zu erzählen, dabei schloss sie die Augen fest und ihre inneren Bilder drangen zu uns:

Unsere eigene Unsicherheit und unsere eigene Furcht und Ängste verhindern, dass wir Menschen offen miteinander kommunizieren. Sie machen aus uns Puppenspielfiguren ohne inneren göttlichen Kern, sie lassen uns tanzen, ohne dass wir eins werden mit uns und mit unserem göttlichen Ich. Das ist sehr, sehr schade. Ein Tanz soll das Tor zum Universum öffnen durch die Freude, die wir in der Bewegung spüren, durch den anderen Menschen, der mit uns tanzt, das ist Ganeshas Tanz. Ganeshas Tanz bedeutet nahe sein, sich nahe sein. Den Tanz, den sie uns aufzwingen, nenne ich den Tanz ohne innere Freude, er ist nicht von der göttlichen Weisheit Ganeshas erfüllt, er ist leer. Deshalb erfüllt er uns mit Sorge, Hass, Angst und Leid und oft auch mit Ablehnung und Protest, auch gegenüber unseren Eltern. Ein Zeichen unserer Unreife.

Vor langer, langer Zeit wollten Shiva und Parvati die Kraft und den Mut ihrer Kinder Ganesha und Kartikeya testen und sie riefen einen Wettbewerb aus, und derjenige, der ihn gewann, sollte die Blüte der Weisheit als Belohnung erhalten. Shiva und Parvati erteilten die Aufgabe an ihre Kinder: Kinder, wer am schnellsten die Erde umrundet und dabei die größte Strecke zurücklegen wird, der wird die Blüte der Weisheit als Belohnung erhalten!

Sie stellten eine goldene Wasserschale auf, auf der eine lichterfüllte Lotusblüte von unglaublicher Schönheit schwamm, die Blüte der Weisheit. Die Kinder waren von ihrem Anblick tief ergriffen und Kartikeya machte sich sofort auf, um die Erde zu umrunden. Er benutzte dabei seinen klugen Pfau Alok und umrundete die Erde in einem Tag. Ganesha hingegen dachte nach, tanzte dreimal um ihre Eltern herum und sagte, dass sie nun das Universum umrundet habe, denn ihre Eltern waren für sie das Universum. Von der Weisheit Ganeshas erstaunt, sprachen Shiva und Parvati Ganesha als Siegerin des Wettbewerbs aus. Kartikeya war enttäuscht und weinte, hatte er sich doch so angestrengt. Ganesha holte die Blüte der Weisheit aus der Schale und überreichte sie Kartikeya, danach tanzte sie um ihren Bruder Kartikeya.

Shiva und Parvati waren stolz auf ihre Kinder, die so große Liebe zu ihnen zeigten, Tausende von Jahren hallte die Geschichte ins Universum und man nannte sie Ganeshas Tanz. Erst heute scheint sie vergessen, einfach vergessen …!

Aarany stand langsam auf und begann barfuß, ruhig und still um die ganze Menge zu tanzen.

Ein paar Wochen später hörte ich, dass man Aarany in der geschlossenen Abteilung der Psychiatrie untergebracht hatte. Ich lachte still in mich hinein und begann mitten auf der Straße den Tanz der Ganesha.

Parental Advisory:
Vorsicht, anstößiger Inhalt!

Mama ..., Mama, schrie es aus dem kleinen Mädchen heraus. Die Mutter drehte sich herum und sah, dass das Mädchen seine Puppe verloren hatte. Die Puppe lag leblos in einer schmutzigen Regenpfütze auf der Straße herum. Die Passanten ignorierten das schreiende Mädchen und die junge Mutter. So begann also das Mein! Jetzt verstand ich, was es bedeutet. Meine Puppe, die Verlustangst des Mädchens war so groß, dass es schrie und am ganzen Körper zitterte.

Mama ..., Mama, schrie es aus mir heraus, erst jetzt, als eine junge Frau Mamma schrie, drehten sich die Passanten verächtlich um zu uns. Wohl krank? Ganz schön gestört, was?

Es ist wohl etwas anderes, wenn eine Frau Mama ruft! Das kleine Mädchen hörte auf zu schreien und schaute mich verwundert und fragend an!

Meine Gedanken glitten in die Vergangenheit hinüber, wenn es so etwas gibt.

Ich sah mich sitzend auf der Toilette, und plötzlich war da etwas, was da nicht hingehörte, etwas Rotes, Schleimiges, es roch nach Fisch. Etwas Rotes lief da entlang im Inneren der Toilette. Ich nahm Klopapier, versuchte dieses Rote wegzuwischen zwischen meinen Beinen, aber es kam mehr und mehr, ich hatte Angst, etwas lief aus mir heraus, was da nicht sein sollte. Ich hörte mich laut rufen: Mama, Mama … Ich stand auf, das Rote lief in meine Unterbuxe, durchfeuchtete sie, aber ich wollte die Tür öffnen, Mutter kam hinein, hör auf zu schreien, du dumme Kuh, das ist nur Blut, du hast deine erste Menstruation, die Stimme des Teufels schmiss mir ein paar Einlagen und Tampons zu, die in Slow Motion auf den Boden fielen. Ich stand da wie ein Baum, angewurzelt, wollte aber weglaufen und konnte nicht. Dann merkte ich, wie eine Faust mir ins Gesicht schlug, Blut lief aus der Nase, Mutter zum Kinde, so, nun weißt du, wie es ist zu bluten, ich liebe dich doch, keuchte es aus ihr heraus. Er kam herein, sah, was geschah und trat meine Mutter gegen das Bein, er rief laut, du darfst sie nicht schlagen, du darfst sie nicht schlagen! Dann holte Mutter erneut aus, diesmal mit ihrem Bein, und trat ihn in den Hintern, er fiel zu Boden, er weinte aber nicht, war tapfer, mein kleiner Beschützer. Da wusste ich, zwischen uns ist etwas Besonderes, etwas, was die Zeit überlebt, wir blieben die besten Freunde unser ganzes Leben lang. Zwei Körper, die sich eine Seele teilten.

Leise kam noch einmal Mama aus mir heraus, ich war wieder auf der Straße, die Puppe, das Mädchen und die Mutter waren nicht mehr da, nur die Pfütze war noch da, blutrot. Einsames Stehen, im feuchten, roten Regen. Dann lachte ich, ich dachte an ihn, wir hatten uns später nie über diese Situation mehr unterhalten, unser kleines, stilles Geheimnis.

Einmal war ich auf einer Party und aus Versehen fielen mir Tampons aus der Handtasche auf den Boden, ein dummer Mann lachte hämisch direkt vor mir, ich schlug ihn direkt auf die Nase und gab ihm den Rat, sich so einen Tampon in die Nase zu stecken, das hilft bei Nasenbluten. Irgendetwas musste ich ja von Mutter, dem Sprecher des Teufels, gelernt haben. Der Augenblick ist die Lektion.

Seelenschmerz

Das Leben verlief traurig, das war ich ja gewohnt. Aber er munterte mich immer wieder auf, mit seiner unwiderstehlichen Art. Einmal am Telefon merkte er direkt, dass ich traurig war, und sagte, du solltest einmal einen Kurs besuchen! Welchen Kurs soll ich denn besuchen, erwiderte ich neugierig. Oh, ich empfehle dir den *Lachgas-Schnupperkurs.* Noch heute muss ich darüber lachen und fühle ihn nah bei mir, auch wenn er dort im Ruhrpott ist, weit weg von mir.

Wenn es im See kein Wasser mehr gibt, ist es dann noch ein See?

Wenn es im Leben keinen Ihn mehr gibt, ist es dann noch ein Leben?

Wer nur reißt gerade die Töne unseres Akkords auseinander? Wer kann das überhaupt?

Die Schuld und ihr Ausgleich.

Ich war geteilt in zwei, eine, die schrie, und eine, die schwieg. Die, die schwieg, schaute zu, wie sie lautlos schrie.

Für das, was ich erlebt habe, gibt es keine Worte, was sind Worte? Es denkt in mir, aber das bin nicht ich! Aber wer denkt dann? Ein Wort, zwei Worte, viele Worte, kein Wort passt. Die Worte reihen sich in einer Linie auf, Sätze entstehen wie kleine Universen, einige komplex, einige verwirrend. Sie spiegeln nur unsere Gedanken, so wie eine Fata Morgana. Wie geht es dir? Ich leide, kann aber kein passendes Wort finden, um diese Frage zu beantworten! Wer bin ich? Ich bin, kann aber kein passendes Wort finden, viele Worte sind wie Tumore, sie formen sich, bis alles stirbt.

Ich dachte an den Priester, der auf der Beerdigung sagte, dass die Kerze auch nur eine Brenndauer habe und sie nicht ewig leuchtet. Im Laufe der Zeit sammeln wir Schuld an. Ich beschloss, nicht mit dieser Schuld leben zu wollen. Aber in dieser Welt kann man nur mit Schuld leben. Ich beschloss, diese Welt zu verlassen.

Dabei übersah ich, dass man der Schuld nicht entfliehen kann, ich machte mir eine Rechnung ohne den Wirt.

Miau Miau

Neben mir auf dem Sofa saß meine schwarze Katze Miau, ich fragte sie, was unterscheidet uns, Miau? Miau antwortete, ich will einfach das sein, was ich bin, eine Katze, aber du willst das sein, was du nicht bist. Ich trage keine Schuld in mir, du erkennst die Schuld, die du in dir trägst. Damit erkennst du deine Endlichkeit, deinen Tod. Ich weiß davon nichts, ich bin einfach eine Katze. Aber eure Kinder sind anders als ihr Erwachsenen, sie sind eins mit uns, sie machen alles lebendig um sich herum und fühlen sich dann eins mit dem, was sie erschaffen haben, sie sind unschuldig wie wir Katzen.

Warum bist du nicht eins mit allem? Miau, ich weiß es nicht! Du bist eine kluge Katze, sehr kluge Katze. Ich belohnte sie mit Dosenfutter.

Ich machte einen kleinen Spaziergang zur Zonengrenze, dort auf der anderen Seite der Mauer sah ich Soldaten, aber der einzige Soldat, der hier wohl im Krieg war, war ich selbst, einem erbarmungslosen, barbarischen, unbarmherzigen und gefühlskalten Krieg gegen mich selbst. Diesen Krieg konnte ich nur verlieren.

Tod der Versicherten

Hat die Gefahren-Person die Tat in einem die freie Willensbestimmung ausschließenden Zustand krankhafter Störung der Geistestätigkeit begangen, so liegt nicht Selbstmord, sondern Selbsttötung vor. Ist es nicht gleichgültig, ob sich mein Selbst ermordet oder tötet! Was zu Ende ist, ist zu Ende!

Ich stand in der zehnten Etage auf dem Dach, der Wind zerzauste ein letztes Mal meine Haare. In mir war ein Befehl, den Dingen ein Ende zu setzen. Ich sprang, dachte nur noch an ihn, sandte ihm ein letztes Mal meine endlose Liebe. Da spürte ich plötzlich etwas neben mir, wer in Gottes Namen bist du? Wie du es schon aussprichst, in Gottes Namen. Nun sollte ich die Rechnung mit dem Wirt machen dürfen.

Bildnachweis

Hjærnø Herbst 2017: »Wanderung« Archiv Andreas Hary

Mit freundlicher Genehmigung des Fotografen Andreas Hary.